A arte

A arte
Rodrigo Duarte

FILOSOFIAS: O PRAZER DO PENSAR
Coleção dirigida por
Marilena Chaui e Juvenal Savian Filho

wmf **martinsfontes**
São Paulo 2012

*Copyright © 2012, Editora WMF Martins Fontes Ltda.,
São Paulo, para a presente edição.*

1ª edição 2012

Acompanhamento editorial
Helena Guimarães Bittencourt
Revisões gráficas
Letícia Braun
Maria Fernanda Alvares
Edição de arte
Katia Harumi Terasaka
Produção gráfica
Geraldo Alves
Paginação
Moacir Katsumi Matsusaki

Dados Internacionais de Catalogação na Publicação (CIP)
(Câmara Brasileira do Livro, SP, Brasil)

Duarte, Rodrigo
 A arte / Rodrigo Duarte. – São Paulo : Editora WMF Martins Fontes, 2012. – (Filosofias : o prazer do pensar / dirigida por Marilena Chaui e Juvenal Savian Filho)

 ISBN 978-85-7827-485-6

 1. Ensaios brasileiros 2. Filosofia I. Chaui, Marilena. II. Savian Filho, Juvenal. III. Título. IV. Série.

11-11756	CDD-199.81

Índices para catálogo sistemático:
1. Ensaios filosóficos brasileiros   199.81

Todos os direitos desta edição reservados à
Editora WMF Martins Fontes Ltda.
Rua Prof. Laerte Ramos de Carvalho, 133 01325.030 São Paulo SP Brasil
Tel. (11) 3293.8150 Fax (11) 3101.1042
e-mail: info@wmfmartinsfontes.com.br http://www.wmfmartinsfontes.com.br

SUMÁRIO

Apresentação • 7
Introdução • 9

1 Suspeita e valorização da arte e da beleza sensorial • 15
2 Da beleza das coisas materiais à estética • 23
3 Do prazer desinteressado ao fim da arte • 28
4 Do fim da arte ao fim da história da arte • 34
5 Conclusão • 44

Ouvindo os textos • 49
Exercitando a reflexão • 55
Dicas de viagem • 60
Leituras recomendadas • 66

APRESENTAÇÃO
Marilena Chaui e Juvenal Savian Filho

O exercício do pensamento é algo muito prazeroso, e é com essa convicção que convidamos você a viajar conosco pelas reflexões de cada um dos volumes da coleção *Filosofias: o prazer do pensar*.

Atualmente, fala-se sempre que os exercícios físicos dão muito prazer. Quando o corpo está bem treinado, ele não apenas se sente bem com os exercícios, mas tem necessidade de continuar a repeti-los sempre. Nossa experiência é a mesma com o pensamento: uma vez habituados a refletir, nossa mente tem prazer em exercitar-se e quer expandir-se sempre mais. E com a vantagem de que o pensamento não é apenas uma atividade mental, mas envolve também o corpo. É o ser humano inteiro que reflete e tem o prazer do pensamento!

Essa é a experiência que desejamos partilhar com nossos leitores. Cada um dos volumes desta coleção foi concebido para auxiliá-lo a exercitar o seu pensar. Os temas foram cuidadosamente selecionados para abordar os tópicos mais importantes da reflexão filosófica atual, sempre conectados com a história do pensamento.

Assim, a coleção destina-se tanto àqueles que desejam iniciar-se nos caminhos das diferentes filosofias como àqueles que já estão habituados a eles e querem continuar o exercício da reflexão. E falamos de "filosofias", no plural, pois não há apenas uma forma de pensamento. Pelo contrário, há um caleidoscópio de cores filosóficas muito diferentes e intensas.

Ao mesmo tempo, esses volumes são também um material rico para o uso de professores e estudantes de Filosofia, pois estão inteiramente de acordo com as orientações curriculares do Ministério da Educação para o Ensino Médio e com as expectativas dos cursos básicos de Filosofia para as faculdades brasileiras. Os autores são especialistas reconhecidos em suas áreas, criativos e perspicazes, inteiramente preparados para os objetivos dessa viagem pelo país multifacetado das filosofias.

Seja bem-vindo e boa viagem!

INTRODUÇÃO
Estímulos sensoriais e arte

O ambiente no qual vivemos habitualmente nos é tão familiar que algumas de suas características mais marcantes – que não passariam despercebidas a um visitante – são às vezes como que invisíveis para nós. Um exemplo bem geral disso é a grande quantidade de formas, cores, sons e textos que compõe nosso hábitat – principalmente urbano (que tende a concentrar a maior parte da espécie humana): estamos tão acostumados com ele que, normalmente, não pensamos em todos os pressupostos que se escondem por trás de nossa percepção distraída desses estímulos, encontrados principalmente nas cidades (edifícios, *outdoors* com imagens e textos, letreiros luminosos, telões veiculando notícias, propaganda nos ônibus etc.). Isso ocorre não apenas nos espaços públicos: também na intimidade de nossos lares recebemos continuamente estímulos sensoriais pela tevê, pelo rádio, pela internet e por matéria impressa (jornais, revistas e *folders* de publicidade, por exemplo).

Se pararmos para pensar melhor nessa situação de hábito que praticamente nos cega para coisas que, na verdade, são tão chamativas, veremos que surgem muitas perguntas, tais como: há uma diferença fundamental entre essas formas, cores e sons criados pela humanidade e aqueles que encontramos na Natureza? Supondo que há essa diferença, podemos ainda perguntar: empregamos a mesma faculdade para assimilar ambos os tipos de estímulos? A percepção que temos deles se esgota em si mesma ou – embora de forma pouco consciente – vem sempre conjugada com uma aptidão mais racional (discursiva) do que perceptiva (intuitiva)? Se considerarmos apenas os estímulos sensoriais dados por objetos criados pelos homens, é certo dizer que todos eles se encontram em pé de igualdade? Em outros termos: é correto dizer que existe uma categoria de objetos essencialmente sensoriais que seja totalmente particular e que tenha peculiaridades de várias ordens (na sua produção, no tipo de veiculação, no modo de sua recepção por nossa parte, na natureza de suas mensagens etc.)?

Se respondermos positivamente à última questão, veremos que esse conjunto de objetos sensoriais absolutamente peculiar quanto à sua origem, objetivos e conteúdo pode ser chamado simplesmente de "arte". E que essa delimitação ocorre não apenas diante de outras categorias de objetos sensoriais criados pela mão humana, mas também com relação àquilo que, na Natureza, estimula nossa percepção sensível.

É muito plausível, no entanto, que o impulso humano para produzir "arte" tenha surgido exatamente a partir das percepções que nossos antepassados tiveram das formas, cores e sons da Natureza. É igualmente provável que a Natureza preexistente à humanidade, nos seus primórdios, inspirou-lhe uma atitude ambígua, isto é, dois tipos de sentimentos até certo ponto contraditórios: em primeiro lugar, medo em virtude da potência demonstrada pelas forças naturais; em segundo lugar, admiração, tendo em vista o caráter sensorialmente atraente desses fenômenos da Natureza.

Parece correto dizer que do medo humano diante da Natureza resultaram os artifícios para dominá-la, que se manifestaram mais recentemente na ciência e na tecnologia. Da admiração pela Natureza adveio a sensibilidade voltada para a harmonia de todos os estímulos sensoriais (cores, sons, formas etc.). Todo nosso senso de beleza (tanto diante das coisas naturais como das criadas pelo homem) adveio, provavelmente, desse sentimento de admiração.

Na esteira dele, a humanidade entendeu muito cedo que ela também poderia "produzir" a beleza, e é por isso que a atividade artística se configura, desde a Pré-História, como um dos principais indicadores da presença humana no mundo. Deve-se, entretanto, ter em mente que esse tipo de produção ainda não tinha o mesmo significado que atribuímos, hoje, ao termo "arte". Um indício desse fato é que a palavra grega para "arte" é *tékhne*, cujo parentesco com nossa palavra "técnica" é bem evidente e aponta para certa indistinção entre o que agora chamamos "bela arte" e a produção de artefatos em geral (que se confunde com a técnica no sentido amplo).

Um elemento de distinção entre os dois tipos de "técnica" encontra-se no fato de que, enquanto a técnica no sentido amplo foi se tornando progressivamente mais "racional", superando seu vínculo originário com a magia, a produção artística desde os tempos imemoriais esteve vinculada a esta última (fato que pode ser exemplificado pelas pinturas rupestres da Pré-História, que se originavam em rituais mágicos visando à subsistência da tribo ou à superação de obstáculos naturais). Talvez não seja errado dizer que, até hoje, a arte conserva essa sua ligação visceral com a magia, embora num contexto totalmente diferente daquele em que ela se originou.

O que foi visto até aqui sugere que a arte ocupa um lugar *sui generis* no seio da vida e da cultura humanas, e, exatamente por isso, ela atraiu a atenção dos primeiros pensadores que formaram a base da Filosofia já nas suas primeiras tentativas de refletir sobre a realidade.

Embora esses filósofos estivessem preocupados inicialmente com a explicação do funcionamento da Natureza – especialmente os chamados "pré-socráticos" – e, posteriormente (sobretudo a partir do próprio Sócrates), com a compreensão da cultura humana, o fato de que eles se expressassem numa linguagem claramente poética indica que estavam atentos, a seu modo, ao universo da arte.

1. Suspeita e valorização da arte e da beleza sensorial

O primeiro pensador a ter a arte como escopo propriamente dito da reflexão filosófica foi Platão (428--348 a.C.), já no século IV a.C. Diga-se de passagem que, desde o começo, o fato de a expressão artística atingir um tipo de universalidade que não é conceitual, discursiva, chamou negativamente a atenção do filósofo: já na sua obra chamada *Ion* – um diálogo de juventude –, a personagem Sócrates surpreende-se com o fato de o rapsodo que dá nome ao diálogo – exímio intérprete de Homero – não se mostrar capaz de teorizar nem sobre a obra do poeta, nem sobre poesia em geral. Por isso, o Sócrates platônico expressa sua condenação a esse caráter "inconsciente" da manifestação estética, interpelando o rapsodo com o argumento de que ele poderia, por isso, ser considerado um homem injusto – um embusteiro –, ou, ao contrário, ser tido como "divino".

Se generalizássemos o juízo feito pela personagem Sócrates nesse diálogo platônico, poderíamos dizer que, segundo o jovem Platão, caberiam ao artista as alternativas de ser considerado "injusto" – mentiroso – ou encarnar uma espécie de mago, ao qual ocorreriam revelações de modo lampejante, sem a logicidade discursiva já considerada por Platão o único caminho lícito para a verdade.

Em sua obra de maturidade, intitulada *A República*, Platão refere-se à arte das musas (isto é, às "belas-artes"), por um lado, como um estímulo para o espírito, enfatizando principalmente o seu aspecto de adestramento com vistas ao autodomínio – como uma espécie de ginástica para o espírito. Por outro lado, o filósofo condena a imitação, o reproduzir criativo da realidade, vendo aí uma espécie de mentira, o que o leva a estabelecer critérios para avaliar quais manifestações artísticas seriam lícitas e quais deveriam ser banidas da cidade ideal cujos fundamentos ele pretende lançar com a obra *A República*. É claro que essa seletividade encerra um tipo de censura em todas as formas possíveis de arte, não escapando dela nem mesmo a poesia "clássica" grega, de Homero e Hesíodo, por exemplo. Esse processo culmina com a necessidade de expulsar o poeta da cidade perfeita que a personagem Sócrates e seus amigos pretendem conceber no diálogo *A República*.

É interessante observar, de acordo com o ponto de vista de Platão, que nessa primeira reflexão filosófica sobre a arte, ao mesmo tempo que o filósofo reconhece sua universalidade e profundidade, ele também pretende exercer uma forma de controle sobre suas manifestações, por acreditar que a potência da arte pode ser usada em detrimento de uma sociabilidade verdadeira e autêntica. Por isso, podemos constatar em outro grande filósofo do período "sistemático" da filosofia grega, o estagirita Aristóteles (385-322 a.C.), uma mudança radical de postura: ele toma a arte como um fato consumado, a ponto de ter escrito uma obra toda dedicada à sua reflexão, o livro intitulado *Poética*.

Especialmente o caráter de imitação da realidade sensível, que a arte possui e que fora condenado por Platão, em vez de ser tomado como um problema, aparece como oriundo de um comportamento naturalíssimo dos seres humanos e que está na base de todas as manifestações artísticas: pintura, escultura, literatura e até mesmo música. Se Platão tinha tido o mérito de agrupar todas essas diferentes manifestações sob uma única rubrica – a arte como imitação –, Aristóteles aprofunda a reflexão na medida em que propõe uma classificação dos tipos de imitação, dividindo-os quanto aos diferentes meios (cores e voz, que por sua vez se subdivide em ritmo, linguagem e harmonia), qualidade dos objetos (mais ou menos "elevados") e modos de representação (as mesmas coisas podem ser representadas "como são", "como parecem ser" ou "como devem ser"), sendo que essa classificação define as diferentes artes (as cores determinam o escopo das artes plásticas; a voz, da literatura, do teatro e da música; a natureza do objeto e o seu modo de representação definem se um drama é tragédia ou comédia etc.).

De modo igualmente diverso do de Platão, para quem o caráter ilusório das criações artísticas desserve à educação moral das pessoas, Aristóteles chama a atenção para o seu caráter pedagógico, expresso principalmente na capacidade de "purificação" que a tragédia exerce, quando ocasiona no espectador sentimentos de temor e compaixão.

Aristóteles chamava a arte de "poesia", pois esse termo, em grego *poíesis*, é oriundo do verbo *poieîn*, que retrata a capacidade produtiva do ser humano. Outro tópico em que ele avalia muito positivamente a arte (a "poesia") está em sua comparação com a História (entendida, na acepção grega, como narração descritiva dos fatos importantes ocorridos no passado): enquanto esta representa apenas o que acontece ou já aconteceu, aquela representa "o que pode acontecer". Essa característica leva Aristóteles a considerar a arte (a "poesia") mais "filosófica" do que a História.

Além desses dois marcos do pensamento grego – Platão e Aristóteles –, também no período posterior, conhecido como período helenístico, há contribuições interessantes para a disciplina filosófica que reflete, entre outras coisas, sobre a arte. Talvez a principal dessas contribuições seja a de Plotino (205-270), filósofo neoplatônico que incorpora aspectos do pensamento aristotélico, inclusive uma avaliação da arte mais positiva do que a de seu mestre Platão. Mas Plotino faz isso com uma peculiaridade: está menos interessado em descobrir a essência da arte do que em compreender como a percepção estética das coisas sensíveis permite uma passagem para a ideia de beleza abstrata. Para ele, a beleza dos corpos é inconsistente, já que eles algumas vezes parecem belos e outras vezes não, o que sugere "que ser-corpo não é o mesmo que ser-belo". O elemento propriamente platônico nesse ponto de vista de Plotino sobre a beleza é que, para ele, a atração exercida pelos corpos sobre nossa sensibilidade é válida apenas como estímulo para a busca de uma beleza ideal, que leva esse título exatamente por depender de uma ideia (forma). A participação nessa ideia, aliás, é exatamente o que confere aos objetos sensíveis a sua beleza (mesmo limitada), e a não recepção de qualquer ideia num corpo é o que determina sua feiura, também em termos sensíveis.

Um exemplo da qualidade de algo sensível dada por uma ideia é, segundo Plotino, a beleza de uma cor, a qual provém de uma forma, sendo manifestação de uma luz incorpórea que é a própria ideia, que, nesse caso, domina e neutraliza a obscuridade da matéria. Plotino exemplifica isso apropriando-se de um ponto de vista de Heráclito de Éfeso (c. 540-470 a.C.), segundo o qual o fogo é o único corpo que pode ser considerado belo em si mesmo, por manifestar mais diretamente a luminosidade da ideia.

Além de outras influências platônicas, como o ponto de vista de que as harmonias vêm dos números e de que toda beleza sensível é imagem apagada de uma ideia, a qual, transfigurada, embeleza a matéria ao refugiar-se nela, há também uma forte conexão entre esse idealismo da produção do belo e o ponto de vista ético. Para Plotino, a intemperança, a temeridade, a inveja, a mesquinhez e a injustiça denotam uma "alma feia", repleta de desejos e de turbulências, uma vez que não consegue libertar-se dos objetos sensíveis. Esse ponto de vista liga-se à distinção, também de origem platônica, entre o belo e o Bem como ideia suprema que está além do belo e que é, na verdade, a fonte e princípio deste último.

Embora a valorização positiva da arte e da beleza sensorial feita por Aristóteles não fique totalmente perdida durante a Idade Média, os seus pensadores têm dificuldades, de modo geral, em conceder à sensibilidade um lugar de destaque, o que, de certo modo, inibiu o desenvolvimento das ideias estéticas que a Antiguidade legou ao Ocidente.

Um fator importante nesse processo é o fato de que o ponto de vista defendido por Plotino, segundo o qual a verdadeira beleza provém da forma abstrata existente num âmbito separado, foi, a seu modo, acolhido por Santo Agostinho (354-430); nesse caso, naturalmente, o que correspondia à ideia para o pensador neoplatônico passou a ser Deus para o pensador cristão. Ainda que Agostinho afirme o poder de atração de muitas coisas sensíveis, para ele nada se compara à luz divina, da qual provém a beleza autêntica, incomparavelmente superior à das mais belas coisas materiais.

2. Da beleza das coisas materiais à estética

Santo Agostinho reflete em seu pensamento, como vimos, a noção que predominou na Idade Média por muitos séculos e que só começou a mudar num momento já bem avançado. Talvez o principal exemplo dessa mudança seja a visão de Santo Tomás de Aquino (1225-1274) sobre a beleza sensível: no seu dizer, ainda que o belo seja a face visível do bem, e que esse emana de Deus, há traços pertencentes às coisas físicas que irradiam uma luminosidade que parece vir de dentro delas (*claritas*), como a proporção de suas características materiais (*proportio*) e sua integridade ou a perfeição de suas formas (*integritas*). Essa posição parece ser a semente de uma concepção mais recente, a da beleza como atributo de coisas materiais muito particulares, que denominamos ainda hoje "obras de arte".

Esse ponto de vista é fortemente desenvolvido e cultivado no Renascimento – época em que o ser humano redescobre a beleza sensível nas formas perfeitas da Natureza, sentindo-se novamente encorajado para tentar reproduzi-las em sua arte por meios científicos que passam, nesse período, por um incrível desenvolvimento. Assiste-se, desde então, ao que se poderia chamar de "processo de autonomização" das manifestações estéticas, acompanhado de um outro, o de "intelectualização" progressiva. A autonomização marca a crescente tendência à superação da dependência da arte com relação à Igreja, ao Estado e ao poder econômico, rumo à situação – nossa conhecida – da arte como uma esfera da cultura que possui sua especificidade e autonomia (ainda que relativa).

Já o simultâneo processo de intelectualização deve ser entendido como presença, na confecção da obra de arte, de elementos cada vez mais racionais, indicando a superação total daquela tradicional confusão, existente na Antiguidade e na Idade Média, entre arte e artesanato. Cumpre observar, entretanto, que a incorporação progressiva dos elementos racionais pela arte não redundou numa dissolução daquilo que a torna arte – um âmbito particular e privilegiado do elenco de atividades humanas –, tendo mesmo colaborado para a consolidação de sua autonomia, já que a racionalidade tipicamente artística é diferente daquela aplicada, por exemplo, na Ciência.

A imitação da Natureza tornou-se, a partir de então, consciente e programática, e sua codificação em *teorias das artes* – na pintura, com Leonardo da Vinci (1452- -1519); na arquitetura, com Leon Battista Alberti (1404- -1472); na música, com Johannes Tinctoris (1435-1511) etc. – passou a ser comum em todo o período renascentista. Observa-se, no entanto, que essa teorização era voltada principalmente para aspectos técnicos da criação, faltando a ela uma perspectiva mais ampla, reflexiva – em uma palavra, mais *filosófica*, tal como veio a ocorrer depois.

Esse tipo de reflexão, no sentido que entendemos hoje, tardaria um pouco a estabelecer-se na Filosofia, em virtude de âmbitos como o da Ciência e do pensamento político terem atraído primeiramente a atenção dos filósofos do período moderno. No plano das ideias políticas (a despeito de diferenças irreconciliáveis no tocante à preferência por formas de governo), a Idade Moderna se caracterizou por um processo de universalização, segundo o qual a particularidade dos interesses individuais imediatos deveria dar lugar à generalidade de normas cuja validade seria a expressão de uma vontade coletiva.

Já no tocante à concepção da Natureza, a revolução científica do século XVII transpôs para o conhecimento do mundo físico a universalidade de uma legislação matemática que era considerada essencialmente estranha à visão aristotélica do cosmos. Dessa forma, não apenas a autocompreensão do homem na sua relação com a Natureza modificou-se radicalmente, como também a teoria – antes mera contemplação desinteressada do mundo – passou a ser mediadora de uma intervenção nos processos naturais com objetivos prático-imediatos a serem alcançados. Surgiu, então, um novo tipo de saber, batizado posteriormente de "tecnologia", que se diferenciou tanto da antiga *poíesis* – saber empregado na fabricação de artefatos –, pela mediação de conhecimentos eminentemente teóricos, quanto da antiga *theoría*, por não poder mais ser considerado um saber desinteressado, alheio à persecução de fins imediatos.

A partir do século XVIII, no entanto, outros filósofos passaram a dedicar sua atenção – ao lado das reflexões epistemológicas e/ou ético-políticas – às questões do gosto e do belo. Enquanto o empirista David Hume (1711-1776) preocupava-se em listar as condicionantes subjetivas do gosto, o racionalista Alexander Baumgarten (1714-1762) estabelecia pela primeira vez o nome "estética" (proveniente de *aísthesis* = sensação, em grego) para a nova disciplina filosófica que surgia, concebida, segundo ele – e bem ao gosto do período marcado pela recente revolução científica –, como uma "gnosiologia inferior", isto é, uma teoria do conhecimento menos "elevado", porque relativo às coisas "meramente" sensíveis.

3. Do prazer desinteressado ao fim da arte

No final desse mesmo século, Immanuel Kant (1724-1804), que pode ser considerado o fundador da estética moderna, escreve sua *Crítica da faculdade do juízo*, cuja primeira parte propõe a distinção entre juízo estético e juízo lógico: enquanto esse último atribui um predicado a um sujeito, o juízo estético é essencialmente subjetivo, pois se constitui a partir do sentimento de prazer ocorrido tão somente no interior do sujeito. Kant interessa-se especialmente por um tipo específico de juízo estético: o *juízo de gosto*. Esse, que não é apenas empírico (oriundo de um agrado imediato dos sentidos), é o juízo advindo do prazer sensível que temos na presença de uma coisa que poderia ser chamada de "bela" e possui traços um tanto paradoxais.

Partindo da classificação habitual dos juízos (oriunda da lógica), Kant afirma que, quanto à quantidade, o juízo de gosto é "universal", mesmo sendo essencialmente "subjetivo" (no âmbito da lógica mais estrita, os juízos universais são normalmente "objetivos", isto é, dizem algo sobre o seu objeto). Outra característica *sui generis* dos juízos de gosto é que, diferentemente dos juízos lógicos, eles não explicitam conceito algum, já que o que está em jogo é o sentimento de prazer ocorrido "no" sujeito. Esse prazer peculiar, ao contrário de quase todos os outros agrados sensíveis que experimentamos, é "desinteressado", o que significa que não está em questão a posse do objeto que nos propicia o prazer, mas tão somente uma vivência sensível específica, oriunda, segundo Kant, do que ele chama de "livre jogo da imaginação e do entendimento".

Há ainda outro traço muito particular dos juízos de gosto: em virtude dessa característica do prazer desinteressado, não há como definir uma utilidade imediata para esse objeto que pode ser considerado belo, o que significa, na linguagem de Kant, que, no juízo de gosto, impera uma "finalidade sem fim", isto é, há a forma de um propósito (sugerida pela atratividade sensível do objeto), sem que seja possível ao judicante explicitar qual seria o "fim" (ou simplesmente: o uso) associado àquele suposto propósito.

Finalmente, Kant postula para o juízo de gosto um tipo de "necessidade" que não é a teórico-objetiva do conhecimento científico. A condição desse tipo de necessidade é o que Kant chama de "senso comum" (*Gemeinsinn* ou *sensus communis*), que difere, no entanto, do senso comum empírico, definido como algo óbvio e banal: nesse caso, trata-se de algo que tem a capacidade de reunir os juízos estéticos de todos os sujeitos, ocasionando uma espécie de comunhão em torno do objeto belo. Há ainda uma importante discussão na *Crítica da faculdade do juízo* sobre o sentimento do sublime.

Essas características paradoxais do juízo de gosto realizam-se mais plenamente na beleza das coisas naturais, o que, segundo Kant, implica a sua superioridade sobre a bela arte, cuja avaliação não se dá por um juízo de gosto puro, mas misto, já que, nesse caso, o desinteresse e, portanto, a "finalidade sem fim" não podem ser completos (para esse caso, Kant criou a denominação "beleza aderente").

Em oposição à estética kantiana, o filósofo Georg Wilhelm Friedrich Hegel (1771-1831) – cujas *Preleções sobre a estética*, proferidas entre 1818 e 1829, deram origem a uma obra monumental de filosofia da arte – desvalorizou bastante o belo natural. Para ele, só merece de fato o adjetivo "belo" o objeto estético que já realizou a sua passagem pelo "espírito"; em outras palavras, o que é produzido pelo homem com uma intenção explícita de falar à sensibilidade em sua conexão com a razão.

Uma consequência imediata do pouco valor atribuído por Hegel ao belo natural é a sua recusa da clássica definição da arte como imitação da Natureza. Segundo ele, a arte, antes de tudo, é superior à Natureza por ser parte do espírito, não devendo se "rebaixar" a tentar reproduzir algo que lhe é em princípio inferior. Além disso, assevera Hegel, tal imitação seria, no fundo, um "esforço supérfluo", pois a arte padece de limites nos seus meios representativos. Essa desvalorização se dá em virtude do fato de que, para Hegel, a natureza é "espírito" apenas "em si", alienado de si mesmo, e só a intervenção humana faz de uma coisa natural algo "em si e para si".

Pelo que se depreende do que foi dito acima, a arte – parcela do espírito chamado por Hegel de "absoluto" – é superior não apenas à Natureza, mas aos momentos anteriores ao espírito no processo dialético, o que Hegel chama de "espírito subjetivo" (a individualidade humana) e "espírito objetivo" (a sociabilidade humana). Isso significa que o posicionamento da arte no "sistema" garante a ela uma considerável "autonomia", no sentido mencionado, isto é, uma independência de fatores externos à sua criação e recepção.

Essa alta colocação da arte no sistema hegeliano significa que ela supre bem a condição de portal de entrada para a esfera do espírito absoluto, porque suas obras possuem a característica de uma sensibilidade que não se esgota em si mesma. O belo, que, como se viu, só pode ser para Hegel, em toda sua plenitude, atributo da arte, é concebido como unidade do conceito com seu fenômeno externo, de onde se depreende a famosa definição hegeliana do belo como "aparecer sensível da ideia".

Mas uma forma, para Hegel, tão essencialmente dependente da sensibilidade como a arte, só pode instalar-se na esfera do espírito absoluto (em que os elementos sensoriais não encontram um lugar de honra) de modo provisório, razão pela qual a superação da arte por figuras mais "espirituais" (Religião e Filosofia) é algo necessário, que deveria ocorrer mais cedo ou mais tarde.

Esse posicionamento de Hegel começa a configurar o que pode ser entendido como um enfoque "lógico" do fim da arte: sua necessária superação, por se tratar de uma figura afeita ao sensível, porém residindo no plano mais alto da realização do espírito. Esse momento "lógico" tem sua contrapartida no plano histórico – estreitamente conexo àquele –, no qual haveria uma sucessão de "formas da arte", que se inicia com a "arte simbólica" (ou oriental), atinge o seu apogeu com a "arte clássica" (essencialmente a arte da Grécia clássica) e se consuma no que Hegel chama de "arte romântica" (a arte a partir do início da Era Cristã). Acontece que essa última é mais "espiritual" do que a arte clássica, mas é menos "artística", isto é, sua carga superior de espiritualidade fica mal acomodada na sua – imprescindível para Hegel – carcaça sensível. Desse modo, a arte completa o ciclo vital e, se não desaparece propriamente (tudo indica que Hegel não tinha isso em mente), perde sua substancialidade dialética; fica de algum modo esvaziada.

4. Do fim da arte ao fim da história da arte

É interessante observar que o fim da arte não representa, para Hegel, algo a ser lamentado, pois está ligado até mesmo a um otimismo de sua parte sobre o curso da História: a racionalidade que, na arte, estava obrigatoriamente colada a algo sensível, adquire, por um lado, formas mais espirituais (a religião revelada e a Filosofia). Por outro lado, essa racionalidade passa a habitar o próprio cotidiano do homem moderno. Tal estado de coisas parece não ter causado em Hegel uma impressão negativa: a esperança de ver o espírito absoluto "encarnado" na sociedade moderna ofuscou-lhe uma possível percepção do perigo de a racionalidade que se tornava onipresente ser de um tipo unilateral, instrumental.

Por racionalidade instrumental entende-se um modelo de razão intervencionista nos processos naturais, com objetivos vindos principalmente da produção econômica. Esse ponto de vista, mencionado acima, remonta principalmente à reivindicação de René Descartes (1596-1650), no século XVII, de que a Ciência, com auxílio dos novos métodos matemáticos descobertos ou inventados na época, fizesse do homem o *maître et possesseur de la Nature* ("senhor e possuidor da Natureza").

Pelo menos um dos perigos dessa racionalidade unilateral-instrumental, como é o surgimento de uma irrecuperável banalização da vida cotidiana, foi percebido por Friedrich Nietzsche (1844-1900), que, apesar de não ter produzido uma estética ou filosofia da arte propriamente ditas, teve um grande impacto sobre esse âmbito por defender a ideia de que o amesquinhamento da vida humana numa sociedade hipercivilizada nos transformou em animais domesticados, sem nenhum senso de beleza na nossa vivência mais imediata: substituímos os impulsos "estéticos", como os que animavam a sociedade grega antiga, por ideais "ascéticos", isto é, exatamente de represamento daqueles impulsos. Subjaz ao pensamento de Nietzsche a ideia de que a própria vida humana deveria ser uma obra de arte, e isso transparece, aliás, na sua escrita filosófica, que tem um estilo literário inconfundivelmente belo (raro na maioria dos filósofos). É oportuno lembrar que nessa avaliação implacavelmente crítica de nosso presente, ainda que com sinais trocados, ecoa o prognóstico hegeliano sobre o fim da arte (nesse caso, o fim de nossa vida como arte).

Ainda que muitas das posições de Nietzsche tenham permanecido polêmicas (e não apenas no âmbito da filosofia da arte), há que se reconhecer que seu diagnóstico de crise na cultura foi recebido por filosofias influentes no século XX. Um exemplo relevante é a Ontologia Fundamental, de Martin Heidegger (1889-1976), segundo a qual o ser-aí (a pessoa, na linguagem de Heidegger) vive imerso numa dimensão "ôntica" (relativa aos entes ou coisas), podendo possuir apenas um vislumbre do plano ontológico, isto é, do "ser" propriamente dito.

Esse vislumbre é, aliás, a pedra de toque do chamado "círculo hermenêutico" – o fato de que, quando perguntamos pelo ser, temos dele, pelo menos, uma pré-compreensão: não podemos afirmar categoricamente o que ele é (qualquer resposta "clara e distinta" significaria imergir mais profundamente na crise da cultura), mas sabemos intimamente que o nosso enraizamento no mundo e na vida é um indício de sua presença.

Cumpre observar que essa moldura ontológica proposta por Heidegger produziu efeitos interessantes também na filosofia da arte, especialmente nas palestras proferidas por ele entre 1935 e 1936, agrupadas sob o título de *A origem da obra de arte*. Tais palestras chamam a atenção para a possibilidade de a arte descortinar a verdade do ser, de um modo que, como se viu, é vedado à linguagem discursiva. Por outro lado, Heidegger aponta para o risco de um esvaziamento ontológico da arte no mundo contemporâneo, dominado por uma concepção de conhecimento e de tecnologia incapazes de retirar o ser-aí do âmbito ôntico em que ele se encontra submerso. Esse perigo que a arte corre na situação atual leva Heidegger a mencionar explicitamente a tese hegeliana sobre o fim da arte, interpretando-a não como o fim factual das obras, mas como sua crescente impossibilidade de apresentar a dimensão ontológica das coisas.

A evidência de uma crise na cultura a partir do início do século XX, com reflexos importantes na produção artística, levou filósofos das mais diversas correntes de pensamento a refletir sobre essa situação. Um deles, Theodor Adorno (1903-1969), partindo de pressupostos muito diferentes – até mesmo antagônicos – dos de Heidegger, tornou-se um dos principais filósofos da arte nesse século. Em Adorno, a influência hegeliana é mediada pela adoção de pontos de vista marxistas, postos em diálogo também com a psicanálise, no sentido de compreender a especificidade do novo modelo de capitalismo que vigora desde os fins do século XIX, conhecido como "monopolista" (em oposição ao modelo anterior, "liberal"). Desse ponto de vista, a crise da cultura é oriunda diretamente do maior controle (ainda que não percebido como tal) exercido sobre as pessoas e do aprofundamento na banalização do cotidiano, especialmente pelo surgimento da cultura de massas, numa situação geral que Adorno denominou "mundo administrado".

Pressupondo-se que a criação de obras de arte depende da existência de liberdade dos seus sujeitos, a criação fica dificultada exatamente por uma tendência à colonização de todas as representações e sentimentos por parte do sistema econômico, mesmo numa situação de democracia política formal. Esta, aliás, faz que as pessoas imaginem-se livres, quando, na verdade, todo o seu comportamento é tentativamente previsto e esquematizado, no sentido de um controle cada vez maior (por exemplo, no resultado de eleições).

O fato de que uma nova classe de objetos sensoriais, patrocinados pelos poderes constituídos, tende a ocupar todo o repertório estético das sociedades industriais mais (ou menos) avançadas, o lugar da arte propriamente dita fica, pela primeira vez, posto em xeque: os produtos da cultura de massa são mais facilmente compreensíveis, mais baratos e quase onipresentes no mundo contemporâneo, o que faz com que populações inteiras nem sequer saibam que existe uma alternativa a toda essa banalidade.

Um ponto de partida importante da estética de Adorno é que a obra de arte é algo diametralmente oposto à "mercadoria cultural". Enquanto aquela surge do impulso libertador formado na interioridade de um sujeito (digno do nome, no sentido de submisso), mediado pelo domínio técnico do seu *métier* artístico, o produto da indústria cultural é algo produzido sob medida para contemplar, de modo imediato e aprisionador, anseios não realizados das massas (e que, por definição, nunca serão satisfeitos), garantindo o lucro de hoje dos seus agentes e, por extensão, o lucro de sempre de todo o sistema capitalista oligopolizado.

Em outras palavras, é muito importante para Adorno a ideia, já mencionada aqui, da "autonomia da arte". Mas ela não deve ser confundida com aquela da "arte pela arte", que motivou as correntes "esteticistas" do fim do século XIX e início do XX. Isso porque, segundo Adorno, há sempre um lastro de "heteronomia", mesmo na arte mais autônoma, a saber, sua ligação subterrânea com o cerne da sociedade em que ela se desenvolve. O aspecto de autonomia é resguardado pelo fato de que, diferentemente do que se imagina quase sempre, não é o "conteúdo" – o assunto explícito – de uma obra que determina sua conexão visceral com a sociedade, mas sua "forma", algo da ordem de sua estrutura mais profunda.

Desse modo, na verdadeira arte, a mais delicada filigrana da linguagem (na literatura), o mais intricado encadeamento harmônico (na música), a mais sutil representação (ou apresentação) pictórica ou escultural (nas artes plásticas) são testemunhos do enraizamento daquela produção na sociedade que lhe deu origem, independentemente de o tema aparente da obra ser o amor, o medo ou a esperança.

Essas características tornam uma obra de arte, de acordo com Adorno, inspirado por Stendhal (Henri-Marie Beyle, 1783-1842), "uma promessa de felicidade", o que aparece como um critério quase "empírico" para distinguir obras de arte de mercadorias culturais. Estas são destinadas, como se disse, a satisfazer as necessidades "espirituais" das pessoas de modo imediato e infrutífero e mais "enganam" do que "prometem".

É interessante observar que a promessa de felicidade feita por uma obra de arte não pode ser satisfeita, pois isso estaria para além das possibilidades de um construto estético singular, por mais potente que ele possa ser enquanto tal. Mas o próprio ato de "prometer", que descortina a possibilidade de um mundo sem miséria física e intelectual, já é muito importante e, sob determinadas circunstâncias, é até mesmo subversivo com relação ao atual estado de coisas.

Esse ponto de vista de Adorno foi, em várias oportunidades, qualificado de anacrônico, já que ele parecia defender um tipo de arte que já havia se perdido no passado, e que a indústria cultural teria inovado decisivamente ao introduzir a utilização de meios tecnológicos no cenário estético, tornando, por isso, importante discutir até que ponto seria lícito empregá-los na arte autêntica.

Vale lembrar que essa posição não se restringiu a filósofos conservadores ou direitistas, mas até mesmo um grande amigo de Adorno (muito influente na formação de seu pensamento), Walter Benjamin (1892--1840) – outro excelente esteta do século XX –, refletiu de modo profundo sobre as potencialidades dos meios tecnológicos na expressão artística. Em seu escrito *A obra de arte na era de sua reprodutibilidade técnica*, Benjamin defende que o advento dos meios tecnológicos (especialmente a fotografia e o cinema) coincide tanto com o fim da arte burguesa quanto com o da estética que lhe serviu de suporte teórico.

Nessa estética, os conceitos fundamentais como criação, genialidade, valor eterno etc. não estariam imunes a uma apropriação pelo fascismo, ao passo que os novos conceitos, conexos à reprodutibilidade técnica, seriam, simultaneamente, inúteis àquele e indispensáveis à "formulação de exigências revolucionárias na política da arte".

Adorno certamente discordou profundamente, nesse particular, de seu amigo Benjamin, asseverando que, por mais tecnologicamente inovadores que os meios de difusão massiva sejam, eles aplainam os meios de expressão típicos da arte tradicional, eliminando nessa a mencionada "promessa de felicidade".

5. Conclusão

É curioso constatar que em ambos os modelos analisados no capítulo anterior, o de Benjamin e o de Adorno, ainda ressoa – de modos diferentes – o ponto de vista hegeliano sobre o fim da arte. Em Benjamin, ele se dá em virtude da substituição da arte feita com meios tradicionais por aquela feita com os meios tecnológicos reprodutíveis (especialmente o cinema possuía, para ele, um enorme potencial revolucionário).

O ponto de vista de Adorno é, ao mesmo tempo, mais explícito (já que ele se refere diretamente a Hegel) e mais nuançado. Sua abordagem da superação da arte faz jus ao termo alemão *aufheben* (superar conservando), já que, contudo, constata-se, como já se viu, não só a sobrevida factual da arte como uma consciência, por parte dos artistas, de que "é necessário continuar". Por outro lado, para Adorno, existem forças no mundo atual que ameaçam a arte de sua pura e simples liquidação.

Elas se resumem aos mecanismos sociais que geram a dependência e a falta de liberdade, seja de modo mais escamoteado, como a indústria cultural, seja de modo explícito, como a opressão política, tal como ocorreu (e ocorre) amplamente no mundo contemporâneo, nas mais diversas manifestações de Estados autoritários e até mesmo totalitários.

É digno de nota, para Adorno, que, mesmo com todas as ameaças, os artistas procurem desenvolver estratégias para prosseguir com sua expressão criativa num contexto adverso. Dentre elas destaca-se aquilo que Adorno chama de "desartificação da arte" (no alemão: *Entkunstung der Kunst*), que é a opção de certas vertentes da arte contemporânea por sua consciente autodescaracterização como arte no sentido convencional, com o intuito de demarcar a sua forma de racionalidade com relação àquela que domina e escraviza o mundo. Exemplos dessa estratégia são as mais variadas versões de "antiarte", fenômenos que misturam diversas linguagens artísticas sem se ater especificamente a qualquer delas (*happenings*, *performances*, instalações, arte conceitual etc.).

Essas manifestações não convencionais da arte, assim como o fato de que hoje elas convivem com aquelas mais habituais, chamou a atenção de um outro pensador que se preocupou, à sua maneira, com o tema do fim da arte: Arthur Danto (1924-). Esse filósofo norte-americano, que teve sua formação a partir da filosofia analítica (não hermenêutica ou dialética como a maioria dos outros mencionados aqui), começou a interessar-se pela arte contemporânea depois de visitar, em 1964, uma exposição de Andy Warhol (1928-1987), em Nova York, na qual o artista expôs como obras suas réplicas de caixas de esponjas de aço da marca *Brillo*.

Para Danto, o fato de essas réplicas (que eram aparentemente idênticas às que estavam nos depósitos dos supermercados) terem sido aceitas como obras de arte significava uma revolução estética sem precedentes. Em vista disso, o filósofo iniciou uma reflexão sobre o fato de que não há nada "interno" numa obra de arte que a defina como tal, mas apenas sua consideração como obra num tipo de comunidade que ele chamou de "mundo da arte" (composta, além dos artistas, de críticos, curadores, colecionadores, *marchands*, diretores de museus e demais interessados nas artes).

Na sequência de sua reflexão, muitos anos depois, Danto se familiarizou com a estética de Hegel e chegou à conclusão de que a revolução que ele reconhecera na *pop art* dos anos 1960 poderia ser interpretada à luz do tema hegeliano do fim da arte. Em escritos da década de 1980, o filósofo propôs que o fim da arte, na verdade, coincide com o "fim da história da arte", isto é, que entre o Renascimento e a arte moderna houve um encadeamento de acontecimentos com certa lógica, um progresso na linguagem artística (na pintura, por exemplo, o aperfeiçoamento da imitação de objetos externos até a perfeição e depois a necessidade de romper com a arte figurativa); enfim, uma "história". O surgimento dos *Brillo Boxes* de Andy Warhol inaugurou um período em que não fazia mais sentido falar de história da arte: tudo poderia ser válido se se cumprissem alguns requisitos mínimos para algo ser aceito no mundo da arte e, com isso, coexistir com modos de expressão que, a rigor, pertenceriam a outros períodos da História, ou mesmo, a nenhum deles.

Em escritos ainda mais recentes, Danto (aos 87 anos e ainda bastante produtivo) continua ocupando-se do que ele chama de "pluralismo estético", ou seja, um cenário no mundo da arte em que todos os estilos e modalidades de arte convivem lado a lado, sem que algum deles possa ou deva ser considerado superior aos demais.

OUVINDO OS TEXTOS

Texto 1. Platão (428-348 a.C.), *Não há lugar para os artistas na cidade ideal*

Se chegasse à nossa cidade um homem aparentemente capaz, devido à sua arte, de tomar todas as formas e imitar todas as coisas, ansioso por se exibir juntamente com seus poemas, prosternávamo-nos diante dele, como de um ser sagrado, maravilhoso, encantador, mas dir-lhe-íamos que na nossa cidade não há homens dessa espécie, nem é lícito que existam, e mandá-lo-íamos embora para outra cidade, depois de lhe termos derramado mirra sobre a cabeça e o termos coroado de grinaldas. Mas, para nós, ficaríamos com um poeta e um narrador de histórias mais austero e menos aprazível, tendo em conta a sua utilidade, a fim de que ele imite para nós a fala do homem de bem e se exprima segundo aqueles modelos que de início regulamos, quando tentávamos educar os militares.

PLATÃO. *A República* (398a). 7ª ed. Trad. e notas Maria Helena da Rocha Pereira. Lisboa: Fundação Calouste Gulbenkian, pp. 125-6.

Texto 2. Aristóteles (385-322 a.C.), *A arte como criação-imitação*

O imitar é congênito no homem (e nisso difere dos outros viventes, pois, de todos, é ele o mais imitador, e, por imitação, aprende as primeiras noções), e os homens se comprazem no imitado. Sinal disto é o que acontece na experiência: nós contemplamos com prazer as imagens mais exatas daquelas mesmas coisas que olhamos com repugnância, por exemplo, [as representações de] animais ferozes e [de] cadáveres. Causa é que o aprender não só muito apraz aos filósofos, mas também, igualmente, aos demais homens, se bem que menos participem dele. Efetivamente, tal é o motivo por que se deleitam perante as imagens: olhando-as, aprendem e discorrem sobre o que seja cada uma delas, [e dirão], por exemplo, "este é tal". Porque, se suceder que alguém não tenha visto o original, nenhum prazer lhe advirá da imagem, como imitada, mas tão somente da execução, da cor ou qualquer outra causa da mesma espécie.

ARISTÓTELES. *Poética* (1448b). Trad., comentários c índices analítico e onomástico Eudoro de Souza. São Paulo: Abril Cultural, 1979, p. 243 (Coleção Os Pensadores).

Texto 3. Santo Tomás de Aquino (1225-1274), *O belo e o prazer com o que é proporcionado*

[Tendo em vista o que já foi estudado,] deve-se dizer que o belo e o bem, no sujeito [isto é, na substância], são idênticos, pois estão fundados sobre o mesmo, a saber, sobre a forma. Por isso, o bem é louvado como belo. Mas diferem pela razão. O bem propriamente se refere ao apetite, pois o bem é aquilo para o qual tudo tende, e assim tem a razão de fim; pois o apetite é uma espécie de movimento rumo à coisa. Quanto ao belo, ele se refere à faculdade do conhecimento, pois diz-se belo aquilo que agrada ao olhar. Eis por que o belo consiste numa justa proporção, pois os sentidos se deleitam em coisas bem proporcionadas, como nas semelhantes a si, uma vez que o sentido, como toda faculdade cognitiva, é uma certa razão. E como o conhecimento se realiza por assimilação, e a semelhança se refere à forma, o belo, propriamente, pertence à razão de causa formal.

TOMÁS DE AQUINO. *Suma Teológica* (Parte I, questão V,
artigo 4). Vários tradutores. São Paulo: Loyola,
2001, p. 199.

Texto 4. Georg Wilhem Friedrich Hegel (1771-1831), *O fim da arte*

Ao atribuirmos à arte esta alta posição, devemos, entretanto, lembrar que ela não é, seja quanto ao conteúdo seja quanto à forma, o modo mais alto e absoluto de tornar conscientes os verdadeiros interesses do espírito. [...] O caráter peculiar da produção artística e de suas obras já não satisfaz nossa mais alta necessidade. Ultrapassamos o estágio no qual se podiam venerar e adorar obras de arte como divinas. [...] O pensamento e a reflexão sobrepujaram a bela arte. [...] Por esta razão, o estado de coisas da nossa época não é favorável à arte. [...] Em todas estas relações a arte é e permanecerá para nós, do ponto de vista de sua destinação suprema, algo do passado.

> HEGEL, G. W. F. *Cursos de estética*. Trad. Marco Aurélio Werle. São Paulo: Edusp, 1999, vol. I, pp. 34-5.

Texto 5. Theodor Adorno (1903-1969), *A liberdade da arte num domínio particular e a não liberdade no todo*

Tornou-se manifesto que tudo o que diz respeito à arte deixou de ser evidente, tanto em si mesma como na sua relação ao todo, e até mesmo o seu direito à existência. A perda do que se poderia fazer de modo não refletido ou sem problemas não é compensada pela infinidade manifesta do que se tornou possível e que se propõe à reflexão. O alargamento das possibilidades revela-se em muitas dimensões como estreitamento. A extensão imensa do que nunca foi pressentido, a que se arrojaram os movimentos artísticos revolucionários cerca de 1910, não proporcionou a felicidade prometida pela aventura. Pelo contrário, o processo então desencadeado começou a minar as categorias em nome das quais se tinha iniciado. Entrou-se cada vez mais no turbilhão dos novos tabus; por toda a parte os artistas se alegravam menos do reino de liberdade recentemente adquirido do que aspiravam de novo a uma pretensa ordem, dificilmente mais sólida. Com efeito, a liberdade absoluta na arte, que é sempre a liberdade num domínio particular, entra em contradição com o estado perene de não liberdade no todo.

ADORNO, T. *Teoria estética*. Trad. Artur Morão. Lisboa: Edições 70, 1982, p. 11.

EXERCITANDO A REFLEXÃO

1. Alguns exercícios para você compreender melhor o tema:

    1.1. Quais são os sentimentos contraditórios que os homens pré-históricos provavelmente tiveram ao constatar a profusão de formas, cores e sons da Natureza? O que, em cada caso, resultou desses sentimentos?

    1.2. Quais são os dois significados derivados da palavra grega *tékhne*, e quais as consequências dessa distinção para a nossa concepção atual de arte?

    1.3. Qual foi a principal contribuição de Platão para a reflexão filosófica sobre a arte?

    1.4. Qual é a principal diferença entre Platão e Aristóteles no que se refere à arte como imitação (*mímesis*)?

1.5. Qual a principal dificuldade que os pensadores medievais tiveram para refletir sobre a arte?

1.6. Qual seria, nesse sentido, a principal diferença entre Santo Agostinho e Santo Tomás de Aquino?

1.7. O que mudou no Renascimento, comparado com a Idade Média, na consideração das obras de arte?

1.8. O que caracteriza, segundo Kant, o *juízo de gosto*, comparado com os juízos lógicos, por um lado, e com os juízos estéticos empíricos, por outro?

1.9. Por que Hegel, diferentemente de Kant, valoriza mais o belo artístico do que o belo natural?

1.10. Qual é o fundamento da tese de Hegel sobre o fim da arte?

1.11. Qual é a principal tese de Heidegger sobre a possível contribuição da arte na nossa época?

1.12. Qual é a versão de Theodor Adorno para o fim da arte na contemporaneidade?

1.13. Como Arthur Danto associa o "pluralismo estético" à tese do fim da arte?

2. Montando e desmontando textos:

Releia os capítulos deste livro, procurando ver com a máxima clareza possível a articulação estabelecida pelo autor entre os capítulos, e em seguida faça uma dissertação sobre o tema: "O fim da arte". Sugerimos que você siga os seguintes passos:

1º passo: Baseie-se na Introdução para caracterizar o que se pode chamar de "arte"; você pode enriquecer esta parte explorando a noção de técnica e a ideia de produção da beleza.

2º passo: Sirva-se dos capítulos 1 e 2 para mostrar como os pensadores gregos, medievais e renascentistas abordaram diferentemente a arte. Você pode desdobrar essa reflexão em alguns passos:

1) os pensadores gregos e a beleza percebida pelos sentidos (você pode usar trechos dos textos 1 e 2 para confirmar suas afirmações);

2) a continuidade de Santo Agostinho com relação aos gregos e a novidade de Santo Tomás de Aquino quanto à beleza das coisas físicas (você pode usar trechos do texto 3 para confirmar suas afirmações);

3) os pensadores renascentistas e a matematização da Natureza.

3º passo: Baseie-se no capítulo 3 para mostrar como Kant teve um papel original na reflexão sobre a arte, falando do "livre jogo da imaginação e do entendimento".

4º passo: Baseie-se ainda no capítulo 3 para explicar por que Hegel fala de "fim da arte" e o que essa expressão significa para ele (você pode usar trechos do texto 4 para confirmar suas afirmações).

5º passo: Baseie-se no capítulo 4 para mostrar os sentidos diferentes que Adorno e Walter Benjamin atribuem à ideia de "fim da arte" (você pode usar trechos do texto 5 para confirmar suas afirmações).

6º passo: Sirva-se da Conclusão para explicar por que, para Danto, é preciso falar de "fim de história da arte" mais do que de "fim da arte".

Depois de percorrer esses seis passos, escreva uma Introdução, dizendo que seu objetivo é refletir sobre o "fim da arte" e apresentando brevemente o caminho que percorreu, e uma Conclusão, retomando sinteticamente a ideia central de cada passo e mostrando o ritmo argumentativo que há entre eles. Na Conclusão você também pode ficar à vontade para enriquecer sua dissertação com outros elementos (históricos, artísticos etc.) que ilustrem suas ideias. Pode ainda tomar posição com relação ao que foi afirmado, mas não se esqueça de que, nesse caso, deve argumentar para fundamentar suas ideias! E, quando usar trechos dos textos dos filósofos, obedeça às normas para confecção de referências bibliográficas (consulte preferencialmente as normas recentes da Associação Brasileira de Normas Técnicas – ABNT).

DICAS DE VIAGEM

Para você continuar sua viagem pelo tema da arte, sugerimos:

1. Assista aos seguintes filmes, tendo em mente a reflexão que fizemos neste livro:
- **1.1.** *O gosto dos outros* (*Le Gôut des Autres*), direção de Agnès Jaoui, França, 2000.
- **1.2.** *Um lugar na plateia* (*Fauteils d'Orchestre*), direção de Danièle Thompson, França, 2006.
- **1.3.** *Verdades e mentiras* (*F for Fake*), direção de Orson Welles, EUA, 1975.
- **1.4.** *Pollock*, direção de Ed Harris, EUA, 2000.
- **1.5.** *Fahrenheit 451*, direção de François Truffaut, França, 1966.
- **1.6.** *Amadeus*, direção de Milos Forman, EUA, 1984.
- **1.7.** *O mistério de Picasso* (*Le Mystère Picasso*), direção de Henri-Georges Clouzot, França, 1956.

1.8. *Oito e meio* (*Otto e mezzo*), direção de Federico Fellini, Itália, 1963.

1.9. *Cinema Paradiso* (*Nuovo Cinema Paradiso*), direção de Giuseppe Tornatore, Itália, 1988.

1.10. *Arte, amor e ilusão* (*The Shape of Things*), direção de Neil LaBute, EUA e França, 2003.

1.11. *O carteiro e o poeta* (*Il postino*), direção de Michael Radford, Itália, 1994.

1.12. *Moça com brinco de pérola* (*Girl with a Pearl Earring*), direção de Peter Webber, Inglaterra, 2003.

1.13. *Pintora aos 4 anos* (*My Kid Could Paint That*), direção de Amir Bar-Lev, EUA, 2007.

1.14. *Moacir – arte bruta*, direção de Walter Carvalho, Brasil, 2005.

1.15. *No olhar, o muro. Na mente, a arte*, direção de Pete Martins e Wellington Douglas, Brasil, 2010.

1.16. *A hipótese da pintura roubada* (*L'hypothèse du tableau volé*), direção de Raoul Ruiz, França, 1979.

1.17. *Cyrano de Bergerac* (musical), direção de David Leveaux, EUA, 2008.

1.18. *Nelson Freire – um filme sobre um homem e sua música*, direção de João Moreira Salles, Brasil, 2003.

1.19. *O mestre da música* (*Le maître de musique*), direção de Gérard Corbiau, França, 1988.

1.20. *Brecht no cinema* (3 DVDs), direção de G. W. Pabst e outros, Alemanha, 2006.

1.21. *Cinema Underground – Warhol, Jarman, Burroughs*, direção de Andy Warhol, Derek Jarman e William S. Burroughs, EUA e Inglaterra, 1973-1994.

1.22. *Cinemaníaco* (*Amator*), direção de Krzystof Kieslowski, Polônia, 1979.

1.23. *Coleção Cinema Experimental – Onírico, Insólito, Enigmático* (3 DVDs), direção de Joseph Vogel e outros, EUA e França, 1946-1981.

1.24. *A beleza do diabo* (*La beauté du Diable*), direção de René Clair, França, 1950.

1.25. *A vida secreta de uma obra-prima* (documentário), vários diretores, Inglaterra, 2009.

2. Um jeito ótimo de inteirar-se das manifestações das artes visuais é, ao viajar, prestar atenção, antes de tudo, à arquitetura das cidades e dos locais, procurando conhecer os museus (centros culturais, "pontos de cultura" etc.) do lugar por onde se viaja. Sugerimos cidades históricas, como as de Minas Gerais (Ouro Preto, Tiradentes e Diamantina, por exemplo), Olinda, em Pernambuco, Petrópolis e Paraty, no Estado do Rio de Janeiro, São Luís do Paraitinga, no Estado de São Paulo, Cidade de Goiás, no Estado de Goiás, Brasília etc. Sempre vale a pena visitar o centro histórico das capitais brasileiras mais antigas.

Nas principais capitais brasileiras há bons museus de arte, como o Museu de Arte de São Paulo (Masp – www.masp.art.br), o Museu de Arte Moderna de São Paulo (MAM-SP – www.mam.org.br), o Museu de Arte Contemporânea da USP (MAC-USP – www.macvirtual.usp.br) e a Pinacoteca do Estado (www.pinacoteca.org.br), em São Paulo. No Rio de Janeiro (e adjacências) há o Museu Nacional de Belas Artes (MNBA – www.mnba.gov.br), o Museu de Arte Moderna (MAM-Rio – www.mamrio.com.br), o Museu de Arte Contemporânea de Niterói (MAC-Niterói – www.macniteroi.com.br). Em Belo Horizonte (e adjacências), destacamos o Museu Mineiro (www.cultura.mg.gov.br/?task=home&sec=3),

o Museu de Arte da Pampulha (MAP – www.map.art.br) e o Inhotim (www.inhotim.org.br). Além disso, entre tantos outros, valem muito a pena visitas ao Museu de Arte da Bahia (MAB – www.funceb.ba.gov.br), em Salvador, ao Museu de Arte do Rio Grande do Sul (Margs – www.margs.rs.gov.br) e ao Museu Iberê Camargo (www.iberecamargo.org.br), em Porto Alegre, ao Museu Oscar Niemeyer (MON – www.museuoscarniemeyer.org.br), em Curitiba.

Na América do Sul, recomendamos o Museu de Arte Latinoamericano de Buenos Aires (Malba – www.malba.org.ar) e o Museo Nacional de Belas Artes (MNBA – www.mnba.org.ar), também na capital argentina. Em Santiago do Chile, há um museu homônimo desse último: Museo Nacional de Belas Artes (MNBA – www.dibam.cl/bellas_artes/pre_home.htm).

Nos Estados Unidos há muitos excelentes museus de artes visuais, dos quais se destacam, em Nova York, o Museum of Modern Arts (Moma – www.moma.org), o Metropolitan Museum (www.metmuseum.org) e o Whitney Museum of American Art (www.whitney.org).

Os museus importantes da Europa são, pelo menos, algumas centenas, de modo que mencionaremos aqui apenas alguns que valorizamos muito positivamente. Em Lisboa, recomendamos o Museu Nacional de Arte Contemporânea (www.museudochiado-ipmuseus.pt) e o Museu Gulbenkian (www.museu.gulbenkian.pt). Em Madri, são imperdíveis o Museo del Prado (www.museodelprado.es) e o Museo Reina Sofia (www.museoreinasofia.es). Em Paris, dentre os inúmeros e maravilhosos museus, destacamos o Musée du Louvre (www.louvre.fr), o Musée D'Orsay (www.musee-orsay.fr) e o Centre Pompidou (www.centrepompidou.fr). Em Londres, dentre os estupendos museus, destacam-se o British Museum (www.britishmuseum.org) e a Tate Gallery (www.tate.org.uk). Na Alemanha há dezenas e dezenas de excelentes museus de arte; entre eles, recomendamos a Alte Pinakothek (www.pinakothek.de/alte-pinakothek) e a Neue Pinakothek (www.pinakothek.de/neue-pinakothek), em Munique, o Museum Ludwig (www.museum-ludwig.de), em Colônia, e o Sprengel Museum (www.sprengel-museum.de), em Hannover.

Observação importante: muitos dos *sites* dos museus mencionados oferecem a possibilidade de uma visita virtual, que vale muito a pena para quem não tem ainda a oportunidade de conhecê-los pessoalmente.

LEITURAS RECOMENDADAS

No decorrer dos capítulos você encontra os títulos das obras filosóficas em que baseamos o roteiro de nossa reflexão. Além dessas obras, indicamos:

Sugestões de livros de história da arte:

GOMBRICH, E. *A história da arte*. Trad. Álvaro Cabral. Rio de Janeiro: LTC, 2000.

JANSON, H. W. *Iniciação à história da arte*. Trad. Jefferson Luiz Camargo. São Paulo: WMF Martins Fontes, 2009.

Sugestões de livros em que os próprios artistas expõem suas reflexões sobre a arte:

BAUDELAIRE, C. *Obras estéticas*. Trad. E. D. Meldt. Petrópolis: Vozes, 1993.

BRESSON, R. *Notas sobre o cinematógrafo*. Trad. Pedro Mexia. São Paulo: Iluminuras, 2005.

CÉZANNE, P. *Correspondência*. Trad. Antonio de Pádua Danesi. São Paulo: Martins Fontes, 1992.

KANDINSKY, V. *Do espiritual na arte*. Trad. Álvaro Cabral e Antonio de Pádua Danesi. São Paulo: Martins, 2000.

RIMBAUD, A. *Prosa poética*. Trad. Ivo Barroso. São Paulo: Topbooks, 1998.

RODIN, A. *A arte: conversas com Paul Gsell*. Trad. Anna Olga de Barros Barreto. Rio de Janeiro: Nova Fronteira, 1990.

Obras de reflexão crítica sobre a arte:

CANTON, K. *Temas da arte contemporânea*. 6 vols. São Paulo: WMF Martins Fontes, 2010.
Estojo com seis livretos em que a autora apresenta temas contemporâneos refletidos na arte, tais como a superação da modernidade, as narrativas, o tempo e suas relações com a memória, o corpo, a identidade e o erotismo, o espaço e o lugar, as políticas e as micropolíticas, entremeando sempre teoria e entrevistas com artistas brasileiros.

COLEÇÃO A. São Paulo: WMF Martins Fontes.
Preciosa coleção com variados volumes sobre temas relacionados à arte. Entre eles, podemos destacar: Intuição e intelecto na arte; Espaço, tempo e arquitetura;

A educação pela arte; Complexidade e contradição em arquitetura; Escultura; A arte medieval; Design gráfico – uma história concisa *etc.*

COLI, J. *O que é arte*. São Paulo: Brasiliense, 1995.
Estudo em torno do que define a arte.

DUARTE, R. (org.). *O belo autônomo. Textos clássicos de estética*. 2ª ed. rev. e aum. Belo Horizonte: Crisálida, 2011.
Coletânea de trechos representativos da estética e da filosofia da arte, desde Platão até Danto.

ECO, U. *Arte e beleza na estética medieval*. Trad. Mário Sabino. Rio de Janeiro: Record, 2010.
Estudo filosófico de concepções medievais sobre a beleza e a arte.

JIMENEZ, M. *O que é estética?* São Leopoldo: Unisinos, 1999.
Introdução muito pertinente das principais correntes da estética, desde os primórdios até a atualidade.

KIVY, P. (org.). *Estética – fundamentos e questões de filosofia da arte*. São Paulo: Paulus, 2008.
Coletânea de estudos de questões filosóficas referentes à arte, concentrados principalmente na contemporaneidade.

NUNES, B. *Introdução à filosofia da arte*. São Paulo: Ática, 1991.

Sínteses preciosas das posições dos principais filósofos perante a arte, da Antiguidade à primeira metade do século XX.

PERNIOLA, M. *Desgostos. Novas tendências estéticas.* Florianópolis: UFSC, 2010.

Comentários brilhantes sobre as correntes contemporâneas da estética, desde o início do século XX até o momento atual.

RIVERA, T. e SAFATLE, V. (orgs.). *Sobre arte e psicanálise.* São Paulo: Escuta, 2006.

Estudos em torno da abordagem psicanalítica da arte.

IMPRESSÃO E ACABAMENTO